STONES
TO HARVEST

ESCARMOUCHES
DE LA CHAIR

ESSENTIAL TRANSLATIONS SERIES 55

Canada Council   Conseil des Arts
for the Arts   du Canada

ONTARIO ARTS COUNCIL
CONSEIL DES ARTS DE L'ONTARIO
an Ontario government agency
un organisme du gouvernement de l'Ont

Canada

Guernica Editions Inc. acknowledges the support of
the Canada Council for the Arts and the Ontario Arts Council.
The Ontario Arts Council is an agency of the Government of Ontario.
We acknowledge the financial support of the Government of Canada through the
National Translation Program for Book Publishing, an initiative
of the *Roadmap for Canada's Official Languages 2013-2018:*
Education, Immigration, Communities, for our translation activities.
We acknowledge the financial support of the Government of Canada.
Nous reconnaissons l'appui financier du gouvernement du Canada.

HENRY BEISSEL

STONES TO HARVEST

ESCARMOUCHES DE LA CHAIR

A bilingual English-French edition

Translated from the English
by Arlette Francière

GUERNICA
EDITIONS

TORONTO—CHICAGO—BUFFALO—LANCASTER (U.K.)

2022

Guernica Founder: Antonio D'Alfonso

Michael Mirolla, editor
Cover and interior design: Errol F. Richardson
Cover art: *Aerial Ecstasy*, Arlette Francière
Guernica Editions Inc.
287 Templemead Drive, Hamilton (ON), Canada L8W 2W4
2250 Military Road, Tonawanda, N.Y. 14150-6000 U.S.A.
www.guernicaeditions.com

Distributors:
Independent Publishers Group (IPG)
600 North Pulaski Road, Chicago IL 60624
University of Toronto Press Distribution (UTP)
5201 Dufferin Street, Toronto (ON), Canada M3H 5T8
Gazelle Book Services, White Cross Mills
High Town, Lancaster LA1 4XS U.K.

First edition.
Printed in Canada.

Legal Deposit—Third Quarter
Library of Congress Catalog Card Number: 2022931154
Library and Archives Canada Cataloguing in Publication
Title: Stones to harvest = Escarmouches de la chair / Henry Beissel ; translated
from the English by Arlette Francière.
Other titles: Escarmouches de la chair
Names: Beissel, Henry, author. | Francière, Arlette, translator. | Beissel, Henry.
Stones to harvest. | Beissel, Henry. Stones to harvest. French.
Series: Essential translations series ; 55.
Description: A bilingual English-French edition | Series statement: Essential trans-
lations series ; 55 | Poems. | Text in English and French.
Identifiers: Canadiana 20220153019E | ISBN 9781771837415 (softcover)
Classification: LCC PS8503.E39 S7 2022 | DDC C811/.54—dc23

I. SEEDS / GRAINES

I.

After the pizzicato rains
last night my shadow leans
across wet matted leaves
tall against the glistening
black trunks of maples
stretching naked into dawn.

       I listen to the cool
       blues in the sky.
       You're the woods
       and the wind whistling
       a sullen air
       for a solitary dance.

Soon the frost
will rob the birds
of their song
leaving us
to our loving.

       You're the melancholy
       beneath the bark of trees
       mellowing into winter.

I.

Après les pizzicati de la pluie
la nuit dernière, mon ombre s'étend
de tout son long sur un amoncellement
de feuilles mouillées, remonte
les troncs noirs et luisants d'érables
dénudés qui s'étirent vers l'aube.

> J'écoute la fraîcheur
> du blues d'un ciel bleu.
> Tu es la forêt
> et le vent sifflant
> un air maussade
> pour une danse solitaire.

Les premières gelées
priveront les oiseaux
de leur chant,
nous laissant
à nos amours.

> Tu es la mélancolie
> sous l'écorce des arbres
> s'adoucissant avant l'hiver.

2.

The early light strikes
glances
off wet leaves:

> a massive assault
> of gold and knives
> slashing stabbing
> at the quick
> retreating dark
> till it stumbles
> and falls dismembered
> into the strong arms of trees.

Blood drips
from branches
and coagulates
in the dying grass.

> You moaned
> in your sleep.

2.

La lumière matinale frappe dur
ricoche
sur les feuilles mouillées :

> assaut massif
> d'or et de coutelas
> tailladant poignardant
> à vif l'obscurité
> qui bat en retraite
> jusqu'à ce qu'elle trébuche
> et s'affale démembrée
> dans les bras vigoureux des arbres.

Du sang dégouline
des branches
se coagule
dans l'herbe qui se meurt.

> Tu as gémi
> dans ton sommeil.

3.

Across the shorn field huge drums of hay
scattered, abandoned there, perhaps
in the midst of some ancient game or contest
between giant spirits from Indian legend.

      Soft waves of the joe-pye-weed's deep
      purple flower clusters along the road,
      goldenrod flying above like solar spume.

Peppermint spikes the morning,
its green spice waking memories
of long forgotten fragrances:
sunlight laughing in your eyes,
games we played with lips and feelings.

           Two crows perched
           in a dead elm—
           black cutout figures
           for a shadow-play
           against the sky.

The years are shorn
of their tall promises.

3.

D'énormes rouleaux de foin jonchent un champ
dépouillé, comme si de gigantesques esprits
de légendes amérindiennes les avaient abandonnés là
dans le vif de jeux ou championnats séculaires.

Vagues languides de corymbes d'eupatoires
pourpres le long de la route, écume
solaire des verges d'or flottant à la surface.

Le piquant de la menthe poivrée ravigote le matin,
sa senteur verte réveillant des souvenirs
de fragrances tombées dans l'oubli :
un rayon de soleil riant dans tes yeux,
espiègleries charnelles et émotives d'autrefois.

Deux corbeaux perchés
sur le squelette d'un orme—
silhouettes noires
en ombres chinoises
sur l'écran du ciel.

Les années sont dépouillées
de leurs promesses à dormir debout.

4.

The fall wind huffs and puffs
against the maples till they glow
redhot at the edges and the leaves
catch fire and burn summer's wasting
memories before the snow can
extinguish the season's last spark.

> Blue smoke drifts
> across the woodpile
> smelling of pine
> and roasted apples.

Maelstrom of leaves
sucked into the whirling
brown earth to rot
among a harvest of stones
against another spring.

> Windfall desire,
> harvest of an embrace.
> Your eyes filter from it
> a pungent, amber love.

4.

Le vent d'automne siffle et souffle
fait chauffer au rouge le pourtour
des érables : leurs feuilles s'embrasent et
consument les souvenirs éphémères de l'été
avant que la neige ne vienne éteindre
la dernière étincelle de la saison.

De la fumée bleue
à la senteur d'aiguilles de pin
et de pommes cuites
à la dérive au-dessus du tas de bois.

Maelström de feuilles
happé par des tourbillons
de terre brune pour aller pourrir
au cœur d'une moisson de pierres
en prévision d'un autre printemps.

Désir miraculeux tombé du ciel
d'automne, moisson d'une étreinte.
Tes yeux en filtrent un amour
ambré aux effluves capiteux.

5.

Listen to the rain's soft
relentless chisels
fissure the rocks outside
till they too crumble
to dust.

Hills flake
into rivers
grind valleys
into bedrock.

In the quarry
water colours
stone stains
quartz and feldspar
makes a tartan
of many silicon planes.

Shelter me in your heart.
The rain is wearing
away the roof
over our heads.

5.

Écoute les doux burins
implacables de la pluie
fissurer le roc qui
lui aussi s'écroulera
en poussière.

Les collines s'effritent
dans les cours d'eau
concassent les vallées
en roche de fond.

Dans la carrière
l'eau colore
le roc teinte
le quartz et la pierre de lune
façonne des lamelles de silicates
en un bel écossais.

Offre-moi ton cœur
comme refuge.
La pluie ronge le toit
au-dessus de nos têtes.

6.

Mists swirl
in low-lying fields:
ghosts gathering
for a harvest dance.

> Wrapped in the black
> and white maps
> of their own
> faraway worlds
> the Holsteins stare
> with alien eyes
> beyond all focal planes.

The trees along the edge
of the woods wear kilts
checkered in the ochres
of October, ready to dance
into the white highlands
of winter.

> The wind paints
> your cheeks auburn,
> blows your hair
> into flames licking
> shadows from my skin.

6.

De la brume tourbillonne
dans les champs en contrebas :
rassemblement de fantômes
pour une fête de la moisson.

Enveloppées dans les cartes
noires et blanches
de leurs propres
contrées lointaines,
les vaches Holstein regardent
fixement de leurs yeux étranges
dépourvus de mise au point.

Les arbres en bordure du bois
portent leurs kilts aux teintes
mordorées du mois d'octobre,
prêts à danser dans la blancheur
des hautes terres
de l'hiver.

Le vent colore
tes joues de reflets roux,
embrase ta chevelure—
les flammes lèchent les ombres
flottant sur ma peau.

7.

Skeletal hands straining
from the intransigent
graves of prehistoric
creatures buried alive
in a straight line:

> Elms summer-bleached to silver
> in their deaths point broken
> fingers dry and brittle as bones
> at the sinuous arrows of wild
> geese swishing boisterously south.

A chainsaw rips the twilight
till sparks fly from tree trunks
and rot mingles with resin.

> You know
> deep down
> I have an axe
> to grind.

7.

Mains squelettiques s'échappant
des tombes intransigeantes
de créatures préhistoriques
enterrées vivantes
en ligne droite :

> Dans la mort, de leurs doigts brisés secs
> et friables comme l'os, des ormes décapés
> blanchis par l'été montrent les flèches sinueuses
> d'oies sauvages frémissantes et criardes
> s'envolant vers le sud.

Une tronçonneuse fend le crépuscule—
des étincelles voltigent des troncs d'arbres
et de la moisissure se mêle à la résine.

> Dans ton fort intérieur,
> tu sais pertinemment
> que j'ai une arrière-pensée
> pénétrante.

8.

A pair of Bohemian waxwings,
a scattering of blackbirds
spread out on a staff of powerlines—
signature and quarter notes
for a melody in a minor key.

> The birch leaves
> line up on their branches
> like singers
> on a raked platform

as the sun rises
at dawn's podium
to conduct the opening
movement of another
autumn day.

> The drum-roll of a ruffed grouse
> hushes the muffled conversations
> trees have with the wind in fall.

I hear you
dream
music.

8.

Un duo de jaseurs boréaux,
un éparpillement de merles
échelonnés sur une portée de fils électriques—
armure de clé et une série de noires
pour une mélodie en mode mineur.

> Les feuilles des bouleaux
> s'alignent sur leurs branches
> comme des chanteurs
> sur des gradins

dès que le soleil se lève
au podium de l'aurore
pour diriger le premier
mouvement d'une nouvelle
journée d'automne.

> Le roulement de tambour d'une gélinotte
> huppée étouffe les conversations voilées
> que les arbres tiennent avec le vent d'automne.

Je t'entends
rêver
de musique.

9.

The white ash hangs its leaves
row after row into the stiff
wind to dry and bleach.

> Seeds float on wispy parachutes
> among parched goldenrod and
> crisp bracts of elecampane:
> some catch some land most
> perish at the weather's random
> gestures in the haphazard landscape
> of trees bushes grasses stones.

A nuthatch stalks upside down
the furrows of the bark, following
the sun's plough, picking insects—
the day's seeds.

> Time tracks
> across your
> pleasurable
> skin
> leaving ruts.

9.

Rangée après rangée, le frêne blanc
accroche ses feuilles dans la bourrasque
cinglante pour les sécher et les décolorer.

> Des graines et leurs délicats parachutes
> voltigent parmi les verges d'or assoiffées
> et les bractées d'inules desséchées :
> certaines vont germer, d'autres tombent
> à terre, la plupart périssent, victimes
> des vicissitudes du temps dans un paysage
> fortuit d'arbres buissons herbes et pierres.

La tête en bas, une sittelle traque
les sillons de l'écorce, suivant
la charrue du soleil, picorant des insectes—
les graines du jour.

> Le temps fait son chemin
> sur ta peau
> voluptueuse
> y laissant des ornières.

10.

A tawny hour lowers its gaze.
The afternoon decomposes
between the vigil of cattails
and the grace of ferns.

             Fuscous and foxy
             the woods hover
             over the void
             where the fields lie
             in sepia raptures.

The earth clenches
its fists—boulders
mittened in grassgreen
moss against winter.

             I draw you close
             till I feel your breath
             heaving the weight of death.

10.

Rousseur de l'heure aux paupières mi-closes.
L'après-midi se décompose
entre la vigilance des roseaux
et la grâce des fougères.

Bistres et fauves
les bois planent
sur le vide où
les champs s'épanouissent
en ravissements sépia.

La terre serre les poings—
blocs erratiques emmitonnés
de mousse verdoyante contre
les rigueurs de l'hiver.

Je t'enlace pour sentir
ton souffle porteur
du poids de la mort.

11.

The grass glistens like sweaty skin
young and resilient in the aging light.

> Worm-
> riddled
> apples
> fall like
> alms from
> the rich sky
> into the curled palms
> of a million blighted leaves.

Beneath them seeds probe
for a hold on the future,
burrow deep to weather
winter's holocaust of ice.

> A fat groundhog
> retires
> for the season.

A glance between us
unmasks the world's
painful duplicity.

I I.

L'herbe scintille comme une peau criblée de sueur
jeune et résiliente dans la lumière vieillissante.

      Des pommes
      véreuses
      tombent à terre—
      aumônes
      d'un ciel d'abondance
      dans les paumes
      recroquevillées d'un million
      de feuilles abîmées.

Se sentant protégées, des graines sondent
la possibilité d'un futur, s'enfouissent
profondément pour survivre à l'hiver et
à son holocauste de glace.

      Une grosse marmotte
      se retire
      pour la saison.

Un échange de regards
démasque la douloureuse
duplicité du monde.

II. ROOTS / RACINES

12.

Winter slowly sinks its teeth
into the throat of this evening,
punctures the jugular and drains
the autumnal light from the sky.

> An astonished wind springs up
> in the south, veers slowly east,
> fluffing the cottonwool clouds
> as if to still the flow of blood.

Crows yell and fluster
the fast-greying shadows
bracing for the assault.

> I drain the dark
> wine of despair
> from your mouth.

12.

L'hiver prend le soir à la gorge,
y enfonce lentement ses dents,
perfore la jugulaire et draine
le ciel de sa lumière automnale.

Un vent stupéfié se lève au sud,
se dirige lentement vers l'est,
faisant gonfler l'ouate des nuages
comme pour étancher l'effusion de sang.

Des corbeaux crient à tue-tête
perturbent les ombres grisonnantes
en prévision de l'assaut.

Je purge
ta bouche
du vin noir
du désespoir.

13.

The night is letting snow
flakes melt on its tongue
against autumn's pungent halitosis—

           hosts in a ceremony
           translating winter
           into childhood:

the trees whisper
white secrets
to the wind
about snowballs
and toboggans
that leave the stones
and the stars cold.

           Your tongue stokes
           the fire in my mouth:
           hours burn away
           like bone-dry wood
           as the flames spread
           through memories.

13.

La nuit laisse fondre des flocons
de neige sur sa langue pour dissiper
la mauvaise haleine de l'automne—

> hosties d'une cérémonie
> qui métamorphose l'hiver
> en renvoyant à l'enfance :

les arbres murmurent
au vent
de blancs secrets
sur boules de neige
et toboggans
qui laissent les pierres
et les étoiles indifférentes.

> Ta langue attise le feu
> au creux de ma bouche :
> les heures brûlent
> comme du bois sec
> et les flammes se propagent
> dans les souvenirs.

14.

Stamping its feet on the roof
and howling down the chimney
a furious east wind pulls the clouds
down from the sky, rips them apart
and blows the pieces into a white
frenzy of whirling dances and drifts
till heaven and earth are one
vast vortex of spinning crystals.

      The pine-trees heave their branches
      like wings, struggling to take flight
      and threatening, once airborne
      to swoop down and drive away
      winter's wild and murderous hordes.

Blizzards pack every niche and crevice
and stop at nothing short of walls.

      Whatever feels or breathes
      must find shelter now
      from their ice-cold fury:

            Our bodies
            are not fortress enough
            though we plug
            every crack
            with a passion.

14.

Tapant du pied sur le toit et hurlant
en descendant par la cheminée, un vent d'est
furieux arrache les nuages du ciel, les éventre
et en fait voler les lambeaux dans un blanc
délire de danses tourbillonnantes et
de congères jusqu'à ce que ciel
et terre se confondent en un
vaste vortex de cristaux virevoltant.

    Les pins soulèvent leurs branches
    comme des ailes, s'acharnent pour prendre
    leur essor et menacent, une fois dans les airs,
    de s'abattre sur les hordes sauvages et
    meurtrières de l'hiver pour s'en libérer.

Des blizzards colmatent la moindre fissure
et ne reculent qu'en présence de murs.

    Tout ce qui est sensible ou respire
    doit vite trouver refuge pour échapper
    à leur fureur glaciale :

        Nos corps
        sont de piètres forteresses
        même si nous calfeutrons
        chaque fente
        à coup de passion.

15.

All night long the conifers
wrestled with a blizzard.
Pressed against the dark
they pushed, bent and tossed
as though racked by a nightmare

> but they stood their ground
> and the first light shakes
> the snow out of their fur
> in puffs of white explosions.

In the east the spruce trees
scrawl their signatures
under the pale sky
to restore peace.

> Birds bear the brunt of blizzards:
> a puff of soft grey down
> under the frosted window
> is one who lost the battle.

Time will tell
who won the scuffles
of the flesh between us.

15.

Tout au long de la nuit les conifères
ont lutté corps à corps avec un blizzard.
Acculés au mur de l'obscurité,
ils se sont rebiffés, courbés et ballotés,
comme si tenaillés par un cauchemar

        mais ancrés dans la terre ils ont
        tenu bon et la lumière de l'aube
        secoue la neige de leur fourrure
        par petites explosions blanches.

À l'est les sapinettes
gribouillent leurs signatures
sous le ciel pâle
pour restaurer la paix.

        Les oiseaux subissent les blizzards
        de plein fouet : une houppette de duvet
        gris et doux sous la fenêtre givrée
        en est un qui a perdu la bataille.

Seul l'avenir révèlera
qui de nous aura gagné
les escarmouches de la chair.

16.

Frost has strung barbed wire
between tilting fence-posts
to confine the twilight.

       A farmer carries his highland
       dreams shadowless through a coarse-
       grained snowscape into the cowshed,
       moving from puff to puff of grey
       ice, crunching a brittle dawn
       like crushed glass under snowboots
       caked with the chores of generations
       that hewed milk from stone.

The night is a black bull
tethered to the morning-star
just over the horizon.

       I hear chains rattle
       faintly in the iron wind.

              Can our kisses
              set us free?

16.

Du gel a accroché des fils barbelés
entre des poteaux de clôture croulants
pour contenir le crépuscule.

Sans ombre dans un paysage de neige
granuleux un fermier emmène à l'étable
ses rêves de hautes terres écossaises,
avance en soufflant une buée grise
intermittente, broyant une aube fragile
comme du verre brisé sous ses bottes
crottées par les corvées de générations
qui ont soutiré du lait à la pierre.

La nuit est un taureau noir
attaché à l'étoile du matin
juste au-dessus de l'horizon.

J'entends un faible cliquetis
de chaînes dans le vent de fer.

Nos baisers peuvent-ils
nous libérer?

17.

Past noon the pine-trees stagger
home to the muffled light
with their arms full of snow,
each flake a fractal surprise.

Crystals cast their nets
through nodes to catch
each ray and translate chaos
almost into symmetry.

A bluejay shrieks and sends the broken
pieces of an icy silence flying
into thickets where a fox
is prowling for a scent.

The sun is trapped
in your eyes and lured
by all that is mortal
through a lover's
optic into spring
fashions and colours.

17.

Passé midi les pins titubent
vers la lumière feutrée
les bras remplis de neige,
chaque flocon une surprise fractale.

> Des cristaux jettent leurs filets
> à travers des entrelacs pour capter
> chaque rayon et transformer le chaos
> en une symétrie presque parfaite.

Un geai s'égosille et envoie les éclats
de verre d'un silence glacial voler
dans les bosquets où un renard
en maraude flaire une piste.

> Le soleil est pris au piège
> de tes yeux et se laisse séduire
> par tout ce qui est mortel
> à travers la perspective
> de l'amant face aux coutumes
> et couleurs printanières.

18.

Here and there the long forgotten flower
of a goldenrod, its snow-capped head
nodding withered on stiff stalk. Fragile
inflorescence come to nothing but a sparkle,
a glittering panicle of sooty frozen dust.

> A car spins
> in an ice trap.
> Whines. Dies.

The afternoon is so still
you can hear the sun fling
its light skittering
across crusted fields
where the air smells fresh
as sheets freeze-dried
without a breath of wind.

> Cover my memories
> with your affection.

18.

Ici et là, la fleur de la verge d'or, depuis longtemps
oubliée, sa tête fanée encapuchonnée de neige
se dodelinant sur sa tige rigide. Fragile inflorescence
réduite à un scintillement, à une panicule
étincelante de poussière fuligineuse et gelée.

Une voiture patine
dans une trappe de glace.
Se plaint. Meurt.

L'après-midi est si calme
qu'on entend le soleil faire
sautiller sa lumière—jetons d'or
ricochant sur des champs encroûtés
de neige. L'air sent bon et frais
comme des draps lyophilisés
sans le moindre souffle de vent.

Recouvre mes souvenirs
de ton affection.

19.

Overnight the arctic came
south to occupy this county
and force life into hiding.

> By noon the sunlight hangs
> upside down in stalactites
> frozen solid and pure blue.

Not a bird, not a beetle,
not even a snow-hare stirs.
Not fur nor feather suffice
against this cosmic cold.

> Conifers, bent under the burden
> of snow, are stopped dead among
> ash, elm and maple whose barebone
> limbs are sculptured like skeletons
> in a mad scenario of crucifixions,
> stark crosses twisted in the white
> amber of this gelid winter day.

Your flesh remains
soft and warm inside
my tearing eyes.

19.

Pendant la nuit, l'arctique est arrivé
au sud pour occuper ce comté
et forcer la vie dans ses retranchements.

Vers midi la lumière du soleil est suspendue
à l'envers dans des stalactites gelés
à pierre fendre et d'un bleu pur.

Pas un oiseau, pas un scarabée,
pas même un lièvre à raquettes n'ose bouger.
Ni fourrure ni plumage ne suffisent
face à ce froid cosmique.

Des conifères, courbés sous le fardeau
de la neige, se sont arrêtés net parmi les frênes,
les ormes et les érables dont les branches
à nu sont sculptées comme des squelettes
dans un scénario insensé de crucifixions,
de croix austères tordues dans l'ambre blanc
de cette journée d'hiver glaciale.

Ta chair demeure
douce et chaleureuse à l'intérieur
de mes yeux embués de larmes.

20.

When the air turns blue with cold
the sun casts whatever rises up
down into the snow, slanting the light
in favour of survivors:

> their shadows,
> bleak copies of a greener world,
> glitter like fragments of stars.

A woodpecker chisels through bark
on the icy trunk of another dying
to reach the phloem and wreak havoc
among dormant larvae and insects.

> The snow hisses
> at our skis
> crossing the tracks
> of desperate deer.

> Slim flames keep us
> alive, mauve shadows
> in the flying snow.

20.

Quand le froid fait passer l'air au bleu,
le soleil refoule dans la neige tout ce qui
se relève, inclinant la lumière
en faveur de la survie :

>   les ombres,
>   mornes copies d'un monde plus vert,
>   brillent comme des fragments d'étoiles.

Un pic-vert burine l'écorce du tronc
glacé d'une autre mort pour atteindre
le phloème et faire des ravages
parmi larves et insectes en dormance.

>   La neige siffle
>   sous nos skis
>   qui traversent les pistes
>   de biches désespérées.

>   De minces flammes nous gardent
>   en vie, ombres mauves
>   dans la neige tourbillonnante.

21.

At thirty below the cold drives
knives into our lungs. The wind
chill bites through the skin and
takes chunks out of your vital
signs. What's left of us withdraws
into the marrow of our bones.

Is hibernation a kind of
cold storage or a *reductio*
ad absentiam like live coals
burying themselves in ashes?

The song turned to ice
in the sparrow's throat,
its body a frosted puff
of feathers gathering snow.

Our footsteps crunch
our winter lives
into memories.

21.

Par moins trente, le froid nous plante
des couteaux dans les poumons.
Le facteur vent mord à pleine peau et
arrache des fragments de tes signes
vitaux. Le peu qui nous reste se réfugie
dans la moelle de nos os.

L'hibernation est-elle une sorte de chambre
froide ou une *reductio ad absentiam*
comme c'est le cas pour des charbons ardents
qui s'enterrent sous les cendres ?

Le chant s'est transformé en glace
dans la gorge du moineau,
son corps une houppette de plumes
givrée où la neige s'accumule.

Nos pas écrasent
nos vies hivernales
en souvenirs.

22.

The wind has hung ice curtains
from the eaves almost
the full height of the house.

> Are we an intermission merely
> in winter's universal tragedy?
> Or is winter an intermission
> in the comic drama of life?

Behind the curtain the sun
impasto yellow on indigo,
its harsh light etching dark
designs of trees, fences,
buildings into a white surface.

> Logs are burning in the fire-place
> melting frost flowers a bitter night
> painted across the window-panes.

Who plays this
blind house
on so blinding
a day?

22.

Le vent a accroché des rideaux de glace
aux chéneaux du toit sur presque
toute la hauteur de la maison.

>Sommes-nous un simple entracte
>dans la tragédie universelle de l'hiver ?
>Ou l'hiver est-il un entracte
>dans le drame comique de la vie ?

Derrière le rideau, le soleil,
empâtement jaune sur bleu indigo,
sa lumière crue gravant de sombres
dessins d'arbres clôtures et bâtiments
sur une surface blanche.

>Des bûches brûlent dans l'âtre.
>Les fleurs de givre qu'un froid mordant
>avait peintes sur les vitres, se liquéfient.

Qui a son rôle à jouer
dans cette maison aveugle
par une journée
aussi aveuglante ?

23.

Under cover of snow roots
spread their network of veins
through earth's dark flesh:
their capillaries will
bring its secrets
to light and fruition.

> A warm wind in winter
> does not make a spring
> though it slides ice sheets
> off roots and tricks trees
> into premature budding.

The migrating birds know better
than to rush the retreating season
for a tenuous advantage in breeding
that may lead to extinction.

> The fall moon triggered
> a cold snap that turned
> all our hopes to ice.

Yet I can feel
your heart drum
spring into us.

23.

Sous le couvert de la neige, des racines
déploient leurs réseaux de veines
à travers la chair sombre de la terre :
leurs capillaires ramèneront
ses secrets à la lumière
et à la fécondité.

> Un vent chaud en hiver ne fait pas
> le printemps même s'il laisse glisser
> des pans de glace des toits
> et soutire aux arbres
> des bourgeons prématurés.

Les oiseaux migrateurs se gardent bien
d'accélérer la retraite de la saison
pour un piètre avantage reproductif
qui pourrait se solder par l'extinction.

> La lune d'automne a déclenché
> une vague de froid qui transforma
> tous nos espoirs en glace.

Et malgré tout je sens
ton cœur faire battre en nous
le retour du printemps.

24.

A south wind licks the snow
off fields and meadows, exposing
rodent tunnels, patches of dead
leaves and withered weeds
last year's summer moulding
wet and musty into spring.

The air is grey
as any theory,
the birds are grey
at their grey pickings,
even the cedars
are thawing into grey.

Only the warm breath
of pines has a touch
of green and high up
in the crowns of maples
first buds swell
and dot the clouds
with a tint of flesh.

My tongue on your skin
knows love is
a south wind in all
seasons of the heart.

24.

D'un coup de langue un vent du sud enlève
la neige dans champs et prairies, révélant
des tunnels de rongeurs, des plaques
de feuilles mortes et d'herbes flétries,
transforme cette mue humide et moisie
de l'été dernier en printemps.

> L'air est gris
> comme toute théorie,
> les oiseaux sont gris
> et grises leurs becquées
> et les cèdres eux aussi
> subissent un dégel gris.

Seul le souffle chaud
des pins offre un soupçon
de verdure et haut dans les frondaisons
des érables les premiers bourgeons
se gonflent et couvrent les nuages
d'un mouchetis
couleur chair.

> Ma langue sur ta peau
> sait que l'amour
> est un vent du sud
> en toutes saisons du cœur.

III. FLOWERS / FLEURS

25.

Vast dark stirs
on the horizon:

> a shape uncurls
> raises clawed paw
> and scratches deep
> across the bloodshot
> evening as though
> to gouge the sun
> out of its flushed face.

The trees are petrified
in the primrose light
like fossils in amber.

Tropospheric turbulence ruffles
neither leaf nor feather:

> they must wait
> for the wind
> to descend and stir
> them into action.

In your eyes the clouds
perform an ancient tale
playing with shadows.

25.

Vaste agitation
sombre à l'horizon :

                une forme se déroule
                soulève une patte griffue
                et lacère profondément
                la soirée ensanglantée
                comme pour en extirper
                le soleil de son visage
                enflammé.

Les arbres sont pétrifiés
dans la lumière couleur primevère
comme des fossiles dans l'ambre.

Les turbulences troposphériques
ne font broncher ni feuille ni plume :

                elles doivent attendre
                l'arrivée du vent
                qui les enjoindra
                à l'action.

                Dans tes yeux les nuages
                interprètent un vieux conte
                en jonglant avec des ombres.

26.

The night casts spells
on your astonished flesh:
black magic the moon practices
by sleight of tender hand.

> The sap is surging
> in maples and birches,
> leaves furled still
> glitter with the light
> of stars and songs
> are budding deep
> in the bush.

Every river rises in me
singing hosanna to all horizons
sweeping galaxies into tomorrow
into fields of flowers into you.

26.

La nuit jette un sort
sur ta chair étonnée :
magie noire que pratique la lune,
tendre illusionniste.

> La sève grimpe en flèche
> dans les érables et les bouleaux,
> les feuilles encore enroulées
> brillent de la lumière
> des étoiles et des chants
> bourgeonnent
> au plus profond du bois.

Chaque rivière monte en moi
chantant hosanna à tous les horizons
faisant déferler des galaxies vers des lendemains
vers des champs de fleurs vers toi.

27.

Thin clouds float
like fluffed feathers
over the edge
of the horizon:

> a black wind has blown
> them from the neck
> plumage of some star
> crazed loon haunting us
> with its mockery.

A shooting-star plops
into the lake
stretching time
concentrically
in all directions
grinding it along
the shore into the sand.

> The circles our lips
> form are identical
> only when yours meet mine.

27.

De minces nuages flottent
comme des plumes ébouriffées
au-delà des confins
de la terre :

     un vent noir
     les a chassées
     du collier de plumes
     d'un plongeon illuminé
     au chant moqueur obsédant.

Une étoile filante fait
ploc dans le lac
étirant le temps
de manière concentrique
dans toutes les directions
le broyant dans le sable
le long du rivage.

     Les cercles de nos lèvres
     sont identiques seulement
     quand le tien recouvre le mien.

28.

Behind ragged rainclouds
the light flies fiery
like revolutionary flags.

> The fickle moon worries
> the sea inside us
> into tides of loving.

The heady fragrance of many buds
and flowers clings to your hair
and numbs the pain of knowing
the passage from bloom to seed.

> Drill your well
> deep enough to strike
> a pure stream to water
> an outburst of passion
> below the many layers
> of sedimentary emotions.

Our lips quench a thirst
more ancient than any drought.

28.

Derrière des nuages de pluie en lambeaux
la lumière s'enflamme et flotte
comme des drapeaux révolutionnaires.

> La lune inconstante tourmente
> la mer au plus profond de nous
> en marées d'amour.

Le parfum capiteux d'une myriade
de bourgeons et de fleurs s'accroche
à ta chevelure et atténue la perception
douloureuse du passage de la fleur à la graine.

> Creuse ton puits
> à la bonne profondeur
> et accède aux flots purs d'un ruisseau
> pour irriguer un élan de passion
> sous les différentes couches
> d'émotions sédimentaires.

Nos lèvres étanchent une soif
plus ancienne que toute sécheresse.

29.

Rain leaches rock
washing the salts of life
into the heart's tributaries.

> Crystals drift
> their lattices
> downriver filtering
> the sea into wombs.

At the crack of lightning
a seed falls out, divides
this saturated solution
between a hue and a cry.

> You are the catalyst
> that makes flowers
> spring where tears reach
> the roots of loving.

29.

La pluie dégrade le roc
et lessive les sels de la vie
dans les affluents du cœur.

Des cristaux font dériver
leurs structures réticulaires
en aval, filtrant la mer
et créant des matrices.

Au crépitement de la foudre
une graine tombe, divise
cette solution saturée
entre une teinte et un cri.

Tu es le catalyseur
qui fait pousser les fleurs
là où les pleurs atteignent
les racines de l'amour.

30.

Cedar branches—
green coral fans
wafting the fragrance
of ancient forests
across the languid
morning currents.

        Dawn holds still:
        a squirrel swings
        from the tip
        of the thin light
        scrounging for
        first buds—
        an owl strikes
        a rodent jugular.

I kiss the nape of your neck
and feel the shudder:

        behind
your shuttered eyes
a dream expires.

30.

Branches de cèdres—
éventails de corail vert
exhalant les fragrances
de forêts ancestrales
au fil des courants
languissants du matin.

> L'aurore s'immobilise :
> un écureuil se balance
> à la pointe
> d'un filet de lumière
> en quête
> des premiers bourgeons—
> une chouette attaque
> un rongeur à la jugulaire.

Je t'embrasse dans le cou—
j'en ressens le frisson :

> derrière
les persiennes de tes yeux
un rêve expire.

31.

The young sun raises flowers
from dead leaves and greens
the fallow fields panting
with moist aromatic breath.

        A tractor stutters down the pasture.
        Steel hands rip the earth, bringing
        worms to light and stones to harvest.

Birds breed camouflaged
but the black-faced cardinal,
too early for rose or poppy,
puts a touch of blood
in the half-naked trees.

        The wind bends shadows
        and blows your hair
        into torrents of desire.

Our moments of happiness
are in the hands of clocks
with nerves of steel.

31.

Le jeune soleil ressuscite des fleurs
enfouies sous des feuilles mortes
et reverdit les champs en friche
à bout de souffle moite et aromatique.

En bas dans le pré, un tracteur bégaie.
Des mains d'acier éventrent la terre, exposant
des vers à la lumière et des pierres à récolter.

Des oiseaux s'accouplent en cachette
mais le cardinal à tête noire,
en avance sur la rose ou le pavot,
accroche une touche de sang
dans les arbres à moitié nus.

Le vent fait ployer les ombres et
son souffle éparpille ta chevelure
en torrents de désir.

Nos moments de bonheur
sont entre les mains de pendules
aux nerfs d'acier.

32.

Elegant unspoken question
along the edge of the creek:

> great blue
> heron stilted
> and slender-
> plumed waiting
> elongated
> for fish or frog
> to provide
> an answer.

The morning mutters in the reeds
where the young sun runs wild.

> The heron stretches,
> swallows a crawful
> of silence with a shrug
> and lifts long-legged
> into the clear day.

A bird shadow blossoms
in the meadows of your flesh.

32.

En bordure du ruisseau,
une élégante question inexprimée :

> perché sur ses échasses
> et projeté en avant,
> un grand héron bleu
> au fin plumage
> attend que
> poisson ou grenouille
> fournisse
> une réponse.

Le matin marmonne dans les roseaux
où le jeune soleil s'ébat avec frénésie.

> Le héron s'étire,
> avale un jabot de silence
> avec un haussement d'épaules
> avant de prendre son essor
> gracile dans la clarté du jour.

L'ombre d'un oiseau s'épanouit
dans les prairies de ta chair.

33.

An osprey has gashed
the lake's glistening
skin, his spiked talons
tearing a perch from the wound.

        A solitary bullfrog
        barks at the silence
        in slow motion.

Troubled mirror, polished
by every passing cloud:
the trees are chuck-shanked
augurs drilling for water
till not a ripple is left.

At night, by the shore,
the voice of spring
in the reeds:

        I am a dance
        among stars
        on the dark
        waters
        of your love.

33.

Un balbuzard pêcheur a entaillé
la peau scintillante
du lac, ses serres de rapace
arrachant une perche de la plaie.

> Au ralenti,
> un ouaouaron solitaire
> vocifère contre le silence.

Miroir mouvementé, poli
par chaque nuage qui passe :
les arbres sont des trépans
qui forent pour obtenir de l'eau
et éliminer la moindre ondulation.

La nuit, près du rivage,
la voix du printemps
dans les roseaux :

> Je suis une danse
> parmi les étoiles
> sur les eaux
> sombres
> de ton amour.

34.

Between the well and the sea
the scrawled signature
of time:
> the slow creek
> keeps track
> erratically
> of the random
> strategies
> of wind and rain.

Water-lilies—green footprints
spring leaves on the pond.

> Only the pebbles,
> the water's shining eyes,
> are predictable
> in their blind passage
> to dust.

Your eyes reflect
the bright flow
of blood from spring
to summer when the drums
beat between skin and bones.

34.

Entre le puits et la mer
la signature gribouillée
du temps :

> le ruisseau nonchalant
> enregistre
> capricieusement
> les stratégies fortuites
> de la pluie et du vent.

Nénuphars—empreintes de pas
vertes et printanières sur l'étang.

> Seuls les galets,
> les yeux brillants de l'eau,
> sont prévisibles
> dans leur passage aveugle
> à la poussière.

Tes yeux reflètent
le flux lumineux du sang
et cela du printemps
à l'été quand les tambours
battent entre la peau et les os.

IV. LEAVES / FEUILLES

35.

The dew has grounded
all dragon-flies:
the weight of dawn rests
on their filigree wings.

Mist rises
like a white flag
ragged over the marsh.

The reeds surrender
their coolness
to the steaming sun.

Slowly the light
unclothes summer
fondles buds into leaves
and enters the squirming bush.

Your eyes grow
to flowers
on the morning
of your flesh.

35.

La rosée a plaqué
toutes les libellules au sol :
le poids de l'aurore repose
sur le filigrane de leurs ailes.

       La brume se lève
       comme un drapeau blanc
       effiloché au-dessus du marécage.

Les roseaux capitulent
abandonnent leur fraîcheur
au soleil en sueur.

       Lentement la lumière
       déshabille l'été caresse
       les bourgeons qui éclatent en feuilles
       et pénètre les touffes d'herbe frémissantes.

Tes yeux
s'épanouissent en fleurs
au matin
de ta chair.

36.

A clan of asters,
their petals lacy
and dishevelled,
loll in a breeze:

> young girls
> dreaming love
> after a night
> full of stars.

A crow lands
on the little finger
of a trembling aspen
to scan the territory
for a corpse.

> A distant bell tolls,
> times the grouse mating
> and worries the drums
> in my ear to pick up
> the beat of your heart.

36.

Un clan d'asters,
leurs pétales de dentelle
tout ébouriffés,
oscillent au gré de la brise :

> jeunes filles
> rêvant d'amour
> après une nuit
> pleine d'étoiles.

Un corbeau atterrit
sur le petit doigt
d'un tremble
pour scruter le territoire
en quête d'un cadavre.

> Une cloche sonne au loin,
> minute l'accouplement des coqs
> de bruyère et tourmente le tambour
> de mon oreille pour capter
> le rythme de ton cœur.

37.

The trees are combing the blond light
that flies in long strands across the field.
The morning tastes of wild bergamot and clover.

            In the roadside ditch
            cow vetch climbs all over
            grass and rocks to hang rows
            of tiny purple lanterns between
            loosestrife and evening-primrose.

Redwinged blackbirds break
screaming from ground cover
where young bullrushes point
a green finger at the sky.

            I am the intruder
            who designs against chaos
            fractals instead of flowers.
            You are the surrender
            that conquers all.

37.

Les arbres peignent la lumière blonde
qui vole en longues mèches à travers champs.
Le matin a un goût de bergamote sauvage et de trèfle.

       Dans le ravin au bord du chemin
       de la vesce grimpe par-dessus herbe
       et rochers pour accrocher des rangées
       de minuscules lanternes violettes
       entre la salicaire et l'onagre.

Des carouges à épaulettes s'échappent
en piaillant du couvert végétal
où de jeunes roseaux pointent
un doigt vert en direction du ciel.

       Pour échapper au chaos
       je suis l'intrus qui crée
       des fractals au lieu de fleurs.
       Tu es l'abandon
       qui peut tout conquérir.

38.

The force that pulls
trees and grasses
through the eye of light
vertically up to the sky
pushes their roots
through silt and stone
down to the dark
pole of all beginnings.

> At noon every flower
> sings hosanna to the sun
> over a ground bass figure
> in a major key.

Green green green
are wind and odour
and greener still
the drone of bugs.

> You dance through my heart
> like a fantasy
> for violin and piano.

38.

La force qui fait passer
arbres et herbes
par le chas de la lumière
verticalement jusqu'au ciel
enfonce leurs racines
à travers limon et pierres
pour atteindre le sombre
pôle de tous les commencements.

       À midi chaque fleur
       chante hosanna au soleil
       sur fond de *basso ostinato*
       en mode majeur.

Verts verts verts
sont le vent et les senteurs
et plus vert encore
le bourdonnement des insectes.

       Tu danses dans mon coeur
       comme une fantaisie
       pour piano et violon.

39.

While in the muskeg dead
roots rot between pools
of algal ooze that gleam
like green eyes watching
time decay into rank mould

butterflies caper in the glen
and bees buzz the yarrow's white
ligulate whorl of petals provoked
perhaps by the crickets' insistence
on cutting the silence to size.

A hummingbird hovers
over the rose-mouthed pouch
of a lady-slipper.

The shadow of a beech trunk
has cast its silver
across your hair: brighter
the hour could not be.

39.

Tandis que dans le muskeg des racines
mortes pourrissent parmi les flaques
d'efflorescence algale qui brillent comme
des yeux verts observant le temps
se décomposer en moisi immonde,

> des papillons s'ébattent dans la vallée
> et des abeilles bourdonnent sur le verticille
> blanc et ligulé de l'achillée, peut-être
> sous la provocation des grillons qui
> persistent à diminuer le silence.

Un colibri plane au-dessus
de la gorge rose du labelle
d'un sabot de Vénus.

> L'ombre d'un tronc de hêtre
> a déposé son argent
> sur ta chevelure : éclat
> incomparable de cet instant.

40.

High above the turbulent trees
a hawk is held in place
by the wind's hand, rolling
shaking with the hot updrafts
that buffet its outspread wings.

> At the edge of the swamp
> a sudden gust ambushes
> a platoon of reeds, throws them
> into a melee of dark pennants
> waving bending in all directions.

Ragged clouds advance in phalanxes
the shape of hand-chipped arrowheads
ready to take the afternoon by storm.

> The Holsteins huddle
> under a lone maple
> and close ranks against
> the aggressive thunder.

A pale light
flares in your eyes
hinting at the fear
that inhabits all flesh.

40.

Au-dessus des arbres turbulents,
la main du vent maintient
un faucon en place, ballotté
par les courants ascendants d'air chaud
qui secouent ses ailes déployées.

En bordure du marécage une rafale
soudaine tend une embuscade
à un escadron de roseaux, les jette
dans une mêlée d'oriflammes sombres
qui gesticulent et oscillent de tous côtés.

Des nuages déchiquetés avancent en phalanges
ressemblant à des pointes de flèche taillées à la main,
prêts à prendre l'après-midi d'assaut.

Les Holstein se blottissent
sous un érable solitaire
et resserrent les rangs contre
l'agressivité du tonnerre.

Une lumière pâle
éclate dans tes yeux
faisant allusion à la peur
installée à demeure dans la chair.

41.

Weighed down with the heat
of summer memories
the trees are waiting
sultry for the storm.

> The sulphur light
> lies panting
> in pastures choked
> with ragweed and wormwood.

A herd of Hereford
chews away minute
after beige minute.
Spiders doze
in their nets.

> Your sweat tastes
> of the sea
> of lust
> and of my
> unutterable
> sadness.

41.

Accablés par la chaleur
de souvenirs estivaux
les arbres suffoquent
en attendant l'orage.

> La lumière soufrée
> s'essouffle
> dans les pâturages étouffés
> par l'armoise et l'ambroisie.

Un troupeau de vaches Hereford
mâchonne une minute
beige après l'autre.
Des araignées somnolent
dans leurs toiles.

> Ta sueur a le goût
> de la mer
> le goût du désir
> et de ma tristesse
> indicible.

42.

A storm stacks bales
of black hay against the windows
threatening to strangle
this naked room.

        Thunder approaches
        on dark hooves—
        the walls perspire,
        the afternoon turns pale,
        the ice shudders in our drinks.

We accept the challenge
though the sky flies into fury
and sears the air with flashes
that strobe-light our love
and leave us nothing but
a comic strip of contortions—

        bodies in the last throes
        of some fatal seizure:
        your flesh holding mine
        to the green dying day.

42.

Une tempête entasse des balles
de foin noir contre les fenêtres
menaçant d'étrangler
cette pièce nue.

        Le tonnerre arrive
        en sabots noirs—
        les murs transpirent,
        l'après-midi pâlit, la glace
        frissonne dans nos verres.

Nous acceptons le défi
même si le ciel enrage, fait griller l'air
et lance ses lumières stroboscopiques
sur notre amour, nous réduisant
à une bande dessinée grouillante
de contorsions—

        des corps dans les derniers soubresauts
        d'une apoplexie foudroyante :
        ta chair retenant la mienne
        à ce jour vert qui expire.

43.

Lapis lazuli eyes in the dusk:
chicory flowers crowd the evening.
They stare after the fading light
like languid beasts caught in a trap.

Ears tense and strain
to the whisper of leaves:

> movement
>
> means
>
> ambush.

In summer
death too
is green.

Along the foot of the pasture
amid the loud rituals of passion
cedars rot in the acid air.

> The heavy scent of hay
> intoxicates the senses
> and triggers infinite
> desire. Our embrace
> corrals the wild dogs
> at loose in the blood.

43.

Des yeux lapis-lazuli au crépuscule :
les fleurs de la chicorée sauvage encombrent la soirée.
Elles fixent du regard la lumière défaillante
comme des bêtes languissantes prises dans un piège.

Oreilles tendues désespérément
au murmure des feuilles :

mouvement

signifie

embuscade.

En été
même la mort
est verte.

En contrebas dans le pâturage
parmi les rituels sonores de la passion
des cèdres pourrissent dans l'air acide.

               La senteur puissante du foin
               intoxique les sens et
               déclenche un désir
               infini. Notre étreinte
               retient les chiens sauvages
               en débandade dans le sang.

44.

the
cedar
trees sit
hunchedo
verinarosesky
sullen as judges
blackhooded they
deliberate without
reaching any verdict
tillnightdismisses eve
ning grosbeaks blue
jays and declares a
stateofanarchyfor
all lovers undera
lunar amnesty
aspassion's
wingsb
eat
iny
our
bird
nest

44.

les
cèdres
sont assis
le dos courbé
sous un ciel rose
commedemornes
jugesencapuchonnés
denoirilsdélibèrentsans
aboutiràunverdictjusqu'à
ce que la nuit rejette les
gros-becs et les geais et
déclareunétatd'anarchie
pour tous les amants
sous une amnistie
lunaire quand
les ailes de la
passion
frap
pent
notre
petit
nid
d'oi
seaux

45.

Daisies close their eyes
as the jackpines' ragged
branches strike root deep
in the parturient sky.

      The stars are chips
      of vermiculite mixed
      into the black soil
      in which our planet
      is buried

                and where
the mind takes root
and grows tall
searching for every
flicker of light
on your cheeks.

A black hand shakes the shadows
down: they return to the pool
from which they rose in the morning—

      pool of darkness
      you and I sinking down
      to the bottom with every
      shadow in the mind
      among bizarre and wanton
      forms of fear and desire.

45.

Des pâquerettes ferment les yeux
tandis que les branches déchiquetées
des pins gris prennent racines
dans le ciel fertile.

       Les étoiles sont des éclats
       de vermiculite mélangés
       au terreau noir dans lequel
       notre planète
       est enterrée

              et où
l'esprit prend racine
et grandit
en quête de la moindre
étincelle de lumière
sur tes joues.

Une main noire secoue les ombres
qui tombent : elles retournent à l'étang
d'où elles sont sorties ce matin—

       étang d'obscurité
       toi et moi échouant
       au fond
       avec chaque ombre en tête
       parmi de bizarres formes
       gratuites de la peur et du désir.

46.

Corn, row after row, tall and erect
as though lined up for a parade,
their stiff and swollen cobs acute-angled
standing like green soldiers roused
by the tender ministrations of the light.

> At night raccoons prowl
> the cornfield's military
> geometry defying
> scarecrows and steel-traps.

The moon dissolves
in a warm mist
and leaves a milky smear
across the sky.

> At daybreak a combine
> gobbles up the corn—
> a tank mowing down
> a line of infantry.

I toss in a dream
in which you disarm
the night and rescue me
from a lake of tears.

46.

Alignés comme pour un défilé et à perte de vue,
des rangs de maïs se dressent droits
comme des soldats verts stimulés
par les tendres soins de la lumière, leurs épis
durs et gonflés à angle aigu sur la tige.

> La nuit, des ratons laveurs rôdent
> à travers la géométrie militaire
> du champ de maïs en défiant
> épouvantails et pièges d'acier.

La lune se dissout
dans une brume tiède
et laisse une traînée
laiteuse dans le ciel.

> Au lever du jour
> une moissonneuse-batteuse
> engloutit le maïs—un tank fauchant
> une ligne d'infanterie.

Je m'agite dans un rêve
où tu désarmes
la nuit et me délivres
d'un lac de larmes.

47.

Orion lies sprawled
across the night's deep
ultramarine sheets
flecked with the glittering
debris scattered
by last eternity's explosion.

Every nanosecond
reinvents
the universe.

> A bat radars the void
> and locates a hawk moth
> hundreds of light years
> south of Rigel:
> the end of a line.

Every hour
leaves scars
on your skin
and memories
in your mind.

47.

Orion se vautre sur
les draps outremer
foncé de la nuit
draps mouchetés
de débris étincelants éparpillés
par l'explosion de la dernière éternité.

Chaque nano-seconde
réinvente
l'univers.

Une chauve-souris déploie
son radar sur le vide
et repère un sphinx crépusculaire
à des centaines d'années-lumière
au sud de Rigel :
la fin d'une ligne.

Chaque heure
laisse des cicatrices
sur ta peau
et des souvenirs
dans ta mémoire.

Acknowledgements

Stones to Harvest was originally called *Glengarry Suite*, part of which (sections 11 to 17) were published in 1988 in *Rubicon No. 10*, a bi-annual journal of contemporary writing and visual art published by McGill University (Montreal). Individual poems also appeared in *Fiddlehead* and in the *American Poetry Anthology*. Subsequently, the poems underwent significant changes and expansions, and were eventually published in their final form as a book, *Stones to Harvest*, by Moonstone Press (Goderich, Ontario) in 1993 with cover art by Arlette Francière.

About the Author

Henry Beissel is an Ottawa poet, playwright, fiction writer, translator and editor with over 40 books published. Among his 22 collections of poetry are his epic *Seasons of Blood* and the very lyrical *Stones to Harvest*. As a playwright, he came to international fame with *Inuk and the Sun* which premiered at the Stratford Festival in 1982 and has been translated into many languages. He is Distinguished Emeritus Professor at Concordia University (Montreal) where he taught English Literature for thirty years and founded a flourishing Creative Writing Program. In 2020, Beissel received the Ottawa Book Award for *Footprints of Dark Energy*.
www.henrybeissel.com

About the Translator

Arlette Francière has been a teacher at all educational levels, from kindergarten to university; she has been a literary agent, a literary translator of major Canadian works by authors such as Robertson Davies, W.O. Mitchell, Sheila Watson, Henry Beissel, Keith Garebian, John Barton, and Michel Beaulieu. She was also a translator and editor of art catalogues for the National Gallery of Canada and for the Galerie Simon Blais in Montreal. Thirty years ago, while studying art history, she discovered she had a talent for painting, and she has been an artist ever since. www.arlettefranciere.com